VOYAGE

PITTORESQUE

A L'ILE-DE-FRANCE,

AU CAP DE BONNE-ESPÉRANCE,

ET

A L'ILE DE TÉNÉRIFFE.

VOYAGE

PITTORESQUE

A L'ILE-DE-FRANCE,

AU CAP DE BONNE-ESPÉRANCE,

ET

A L'ILE DE TÉNÉRIFFE;

Par M. J. MILBERT,

Peintre embarqué sur la corvette *le Géographe*, et Directeur des gravures de la partie historique du Voyage aux Terres-Australes.

ATLAS.

PARIS,

A. NEPVEU, LIBRAIRE, PASSAGE DES PANORAMAS, N.° 26.

1812.

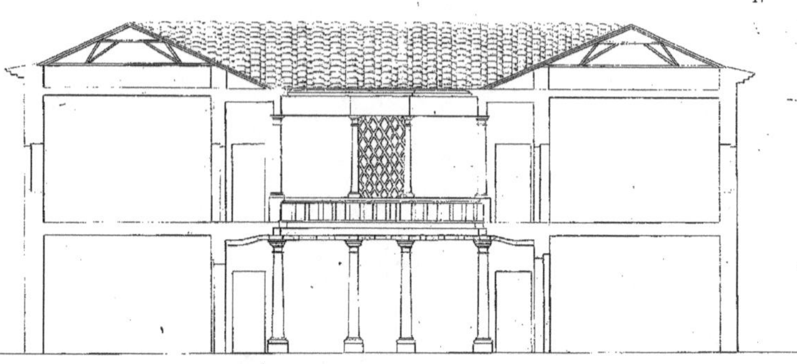

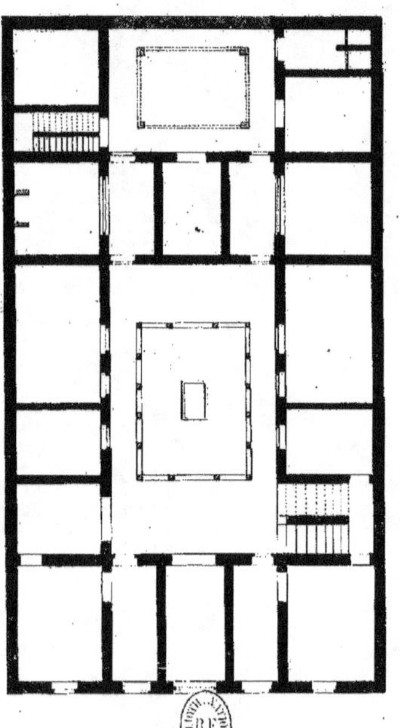

Ténériffe.

Plan et Coupe d'une Maison de la Ville de Ste Croix.

Ténériffe.

Fontaine en lave située sur la Grande Place de la Ville de S.ᵗᵉ Croix.

Île-de-France.

1 — Vue de l'Île de France, (a) montagnes du grand Port. (b) le Coin de Mire restant à l'O 10° S. à 17 milles de distance. (c) l'île Platte (d) l'île Ronde.

2 — Vue de l'Île de France. (e) le Coin de Mire, (f) Pieter Bot restant au S. 22° E. a 12 milles de distance.

3 — Vue du Bassin du Port Napoléon à l'Île de France. (g) morne des Prêtres (h) montagne longue (i) Pieter Bot (k) le Pouce (l) le Port Napoléon, (m) morne de la Découverte.

4 — Vue de l'Île de France, (n) le Port Napoléon, (o) morne de la Découverte, (p) Pieter Bot, (q) le Pouce, (r) les trois Mamelles, (s) le morne Bruban restant au S. 16° E. a 15 milles de distance.

5 — Vue Phisique du revers des Montagnes du Port Napoléon, à l'Île de France, prise dans les Plaines Wilhems, (t) le Pouce, (u) Pieter Bot, (x) les deux Mamelles.

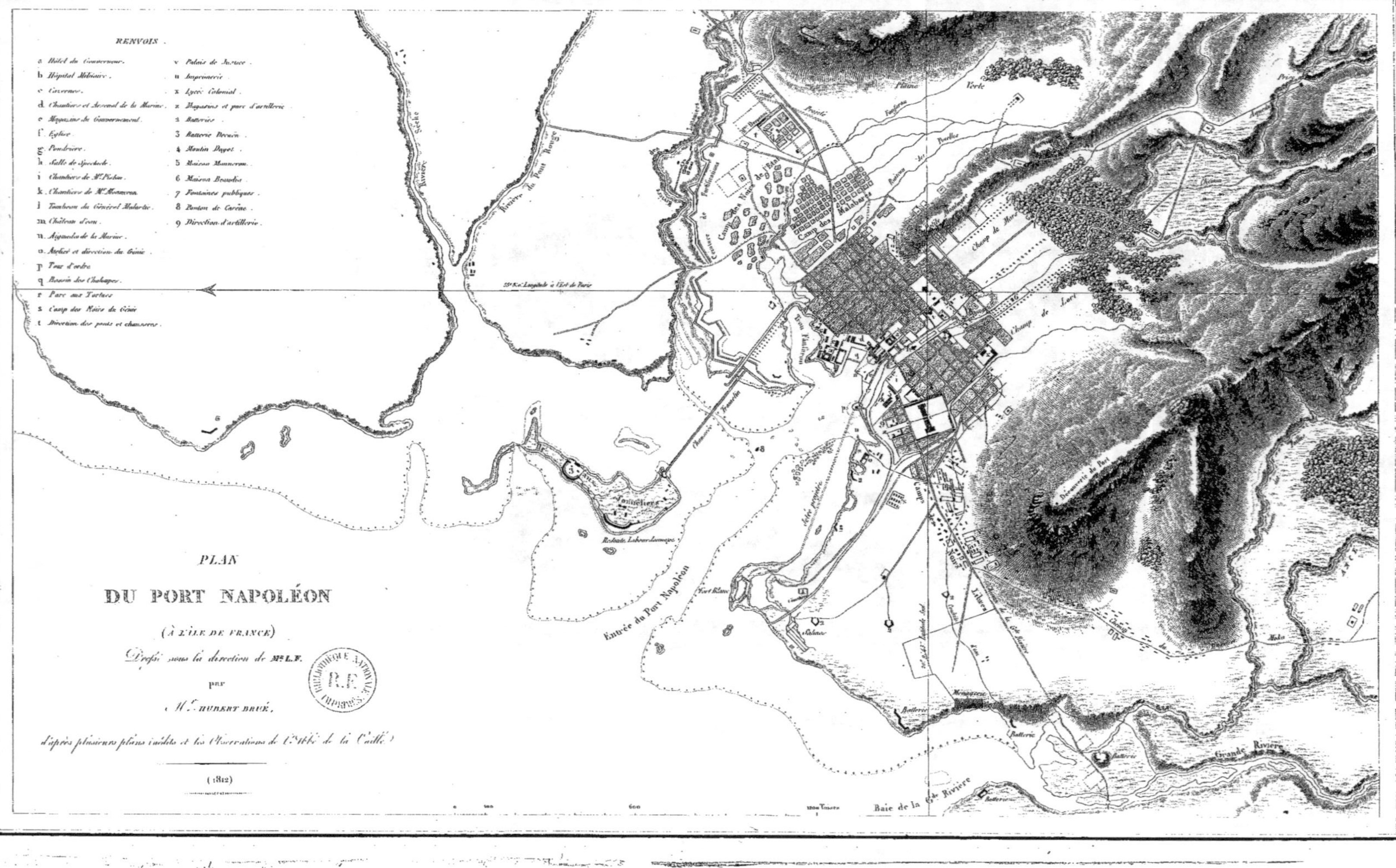

RENVOIS.
a Hôtel du Gouverneur.
b Hôpital Militaire.
c Caserne.
d Chantiers et Arsenal de la Marine.
e Magasins du Gouvernement.
f Église.
g Poudrière.
h Salle de Spectacle.
i Chantiers de Mr Pichon.
k Chantiers de Mr Monneron.
l Tombeau du Général Malartic.
m Château d'eau.
n Aiguades de la Marine.
o Atelier et direction du Génie.
p Tour d'ordre.
q Bassin des Chaloupes.
r Parc aux Tortues.
s Camp des Noirs du Génie.
t Direction des ponts et chaussées.
v Palais de Justice.
u Imprimerie.
x Lycée Colonial.
z Magasins et parc d'artillerie.
1 Batteries.
3 Batterie Decaen.
4 Moulin Dayot.
5 Maison Monneron.
6 Maison Beaulieu.
7 Fontaines publiques.
8 Ponton de Carène.
9 Direction d'artillerie.
PLAN
DU PORT NAPOLÉON
(À L'ÎLE DE FRANCE)
Dressé sous la direction de Mr L.F.
par
Mr Hubert Brué,
d'après plusieurs plans inédits et les Observations de l'Abbé de la Caille.
(1812)
Rivière Sèche
Rivière du Pont Rouge
55° Ko Longitude à l'Est de Paris
Plaine Verte
Camp des Noirs
Camp des Malabars
Champ de Mars
Bon Pasteur
Champ de Lort
Entrée du Port Napoléon
Redoute Labourdonnais
Fort Blanc
Salines
20° 9' 45" Latitude Sud
Baie de la G.de Rivière
Grande Rivière
Batterie
Ménagerie

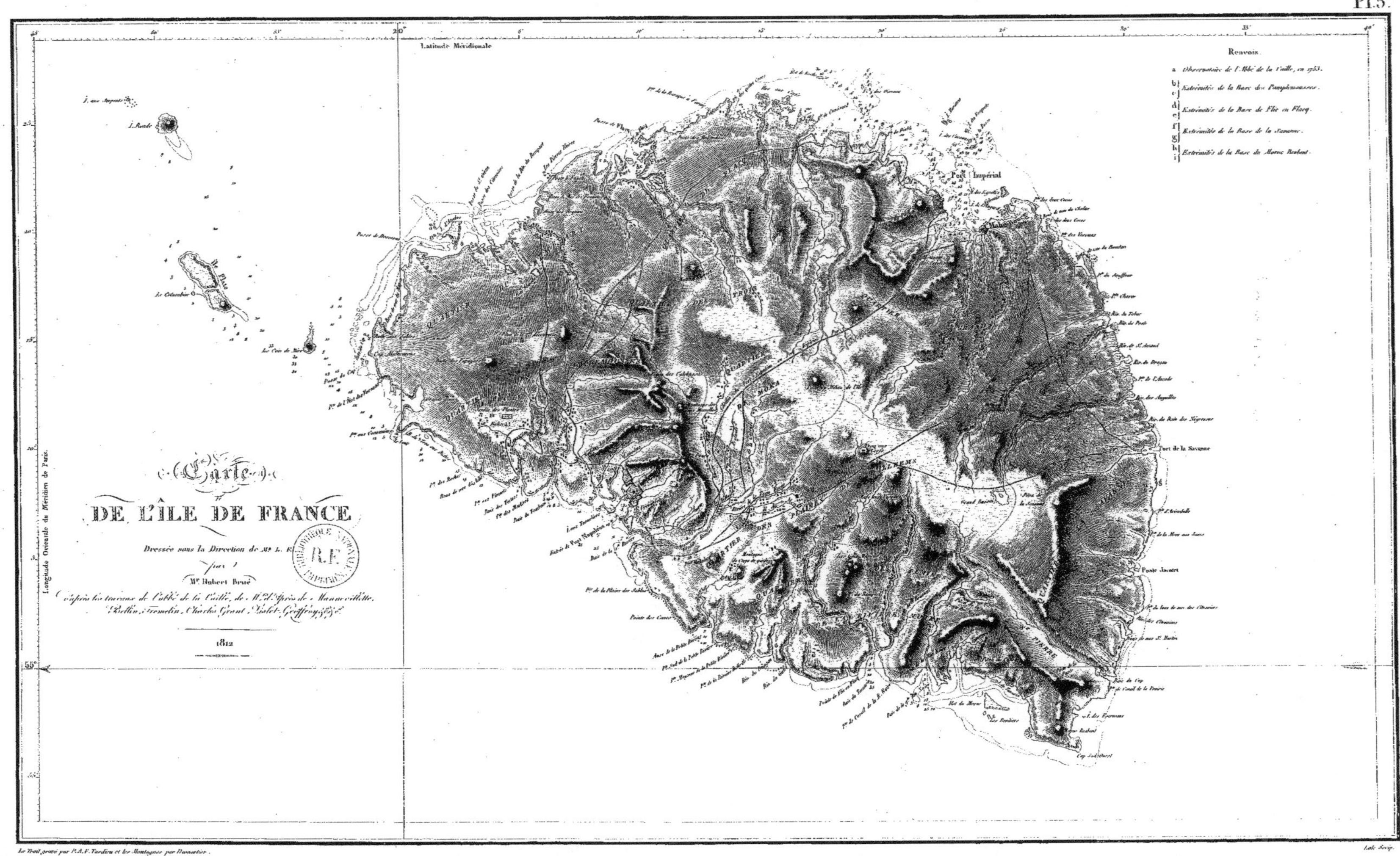

Pl.5.
Longitude Orientale du Méridien de Paris.
Latitude Méridionale
Carte
DE L'ÎLE DE FRANCE
Dressée sous la Direction de Mr. L. E.
par
Mr. Hubert Brué
d'après les travaux de l'abbé de la Caille, de Mr. d'Après de Mannevillette,
Bellin, Tremelin, Charles Grant, Lislet-Geoffroy, &c.
1812
Renvois.
a   Observatoire de l'Abbé de la Caille, en 1753.
b c   Extrémités de la Base des Pamplemousses.
d e   Extrémités de la Base de Flic en Flacq.
f g   Extrémités de la Base de la Savanne.
h i   Extrémités de la Base du Morne Brabant.
Port Impérial
Port de la Savanne
Grand Bassin
I. aux Serpents
I. Ronde
Le Coin de Mire
I. Plate
Le Colombier
Le Trait gravé par P.A.F. Tardieu et les Montagnes par Dumortier.

Île-de-France.

Vue du Trou 2 Fanfaron, au Port-Napoléon.

Île-de-France.

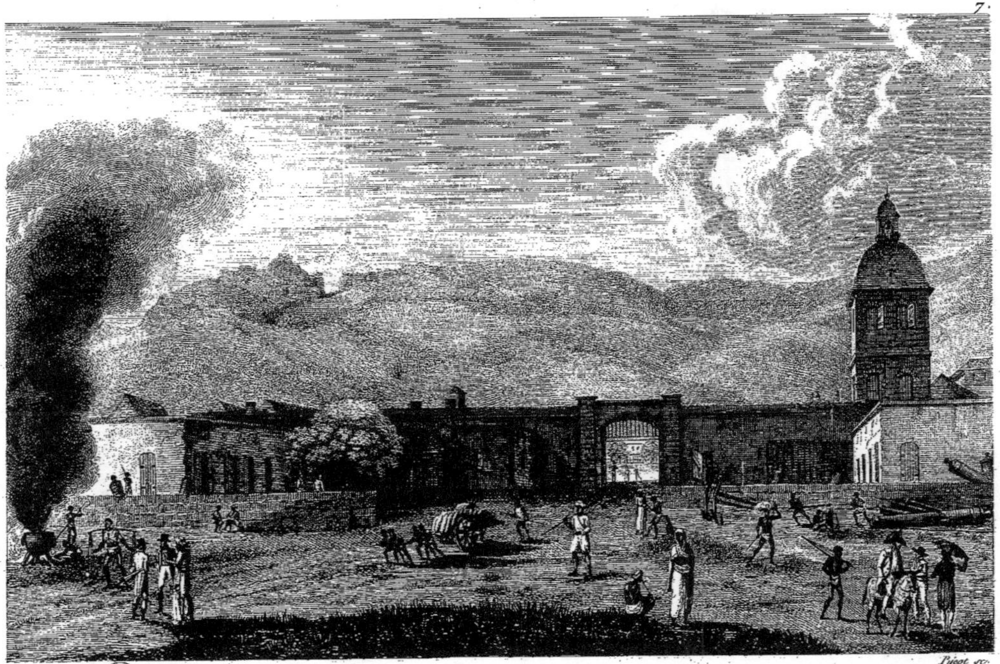

Porte d'entrée de la ville du Port Napoléon.

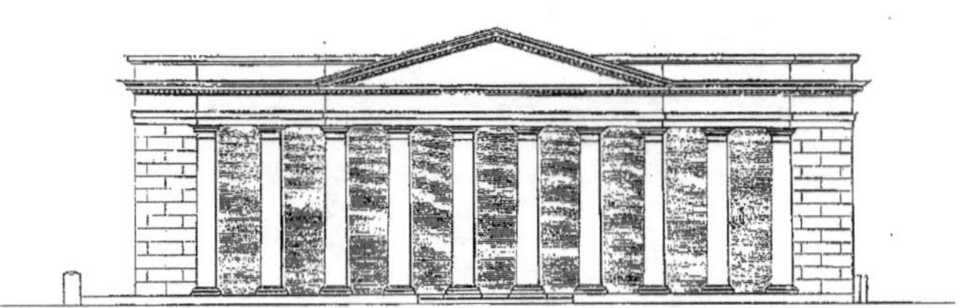

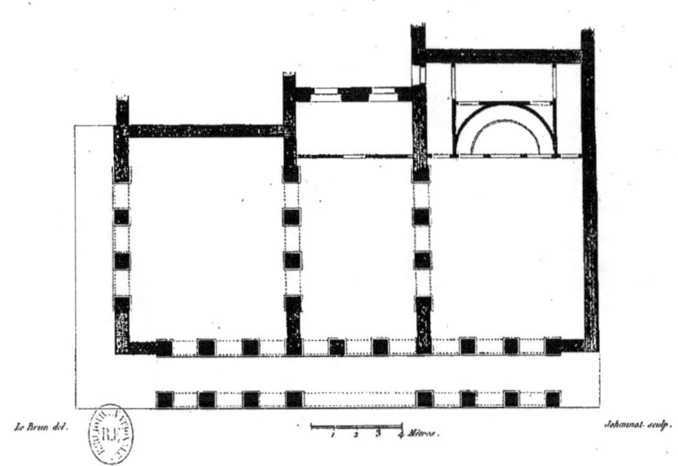

Île-de-France.

Élévation et Plan de la Bourse de la Ville du Port Napoléon.

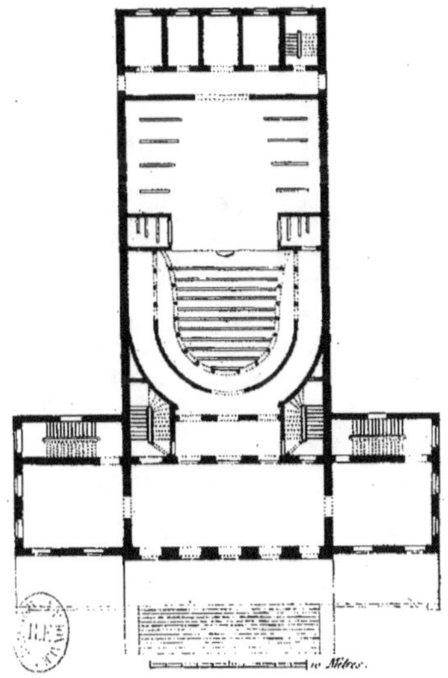

le Brun del.　　　　　　　　　　　　　　Testard sc.

Île-de-France.

Élévation et Plan de la Salle de Spectacle de la ville du Port Napoléon.

10.

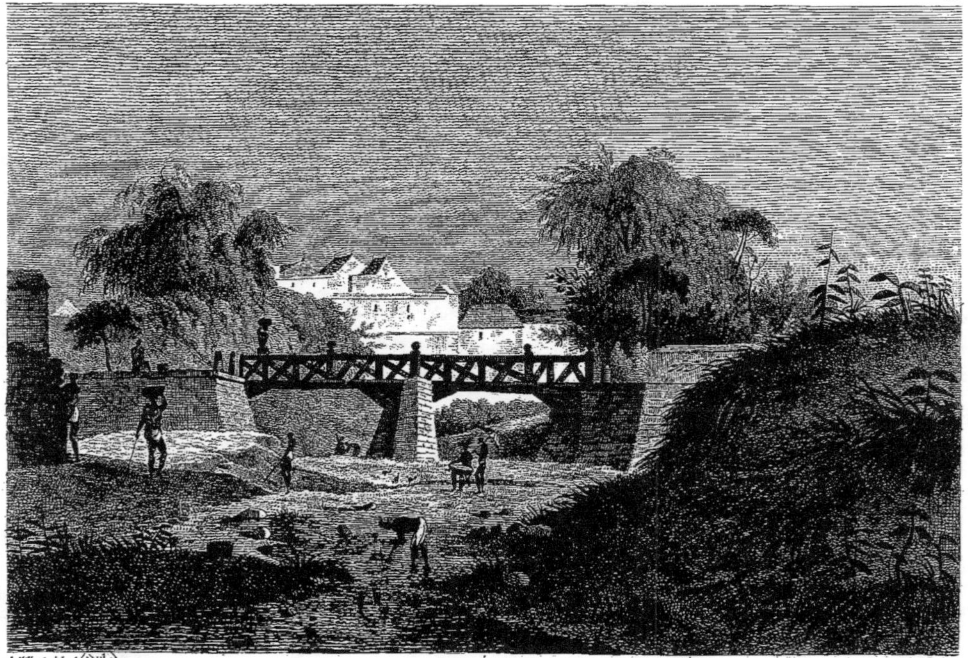

J. Milbert del. et sc. — terminé par Perdoux.

Île-de-France.

Pont qui sépare le Champ-de-Mars du Champ-de-l'Ort.

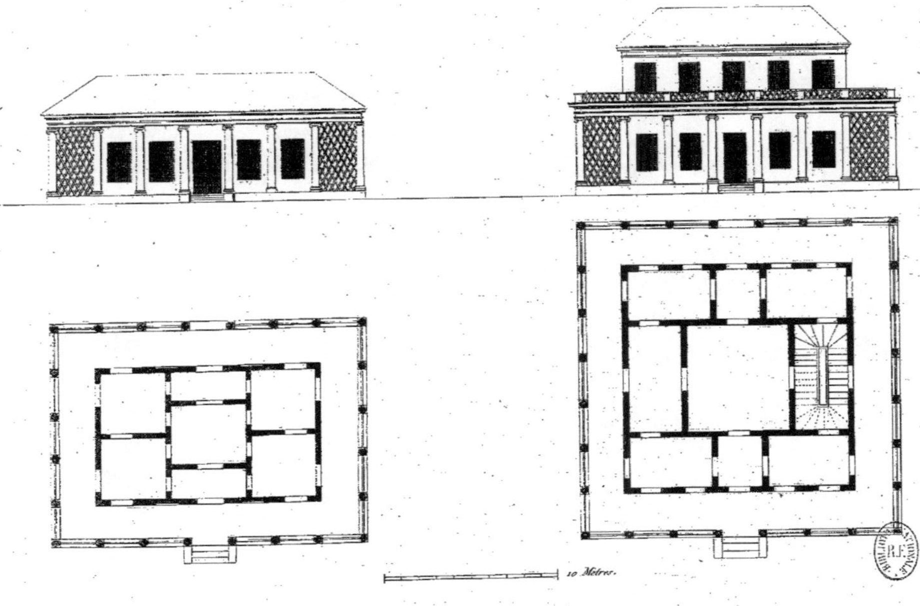

Le Brun del.
Ile-de-France.
Leland sc.
Élévations et Plans de Maisons de la Ville du Port Napoléon.
10 Mètres

Île-de-France.

Vue de la Montagne du Pouce et d'un défriché.

Île-de-France.

Vue des Plaines de Wilhems, prise à la base de la Montagne du Pouce.

Île-de-France.

Vue prise dans les Bois de la Montagne du Pouce.

Île-de-France.

Vue de l'habitation de Mr C. au bas de la rempe de Moka.

Île-de-France.

Vue des Bambous de la Rivière des Amans.

Île-de-France.

Vue de la Grande Cascade du Réduit.

Ile-de-France.

Vue des Cascades de la Rivière du Ménil.

Île-de-France.

Vue prise dans l'intérieur des forêts.

Ile-de-France.

Vue de l'Habitation de M.ᵣ Roussel.

Île-de-France.

Aqueduc de la Grande Rivière du Port Napoléon.

Île-de-France.

Pont de la Grande Rivière du Port Napoléon.

Île-de-France.

Grande Rivière et Montagne du Corps de Garde.

Île-de-France.

Vue sur la Montagne des Calbasses.

Île-de-France.

Vue de la Montagne de Pieter Bot et d'une Sucrerie.

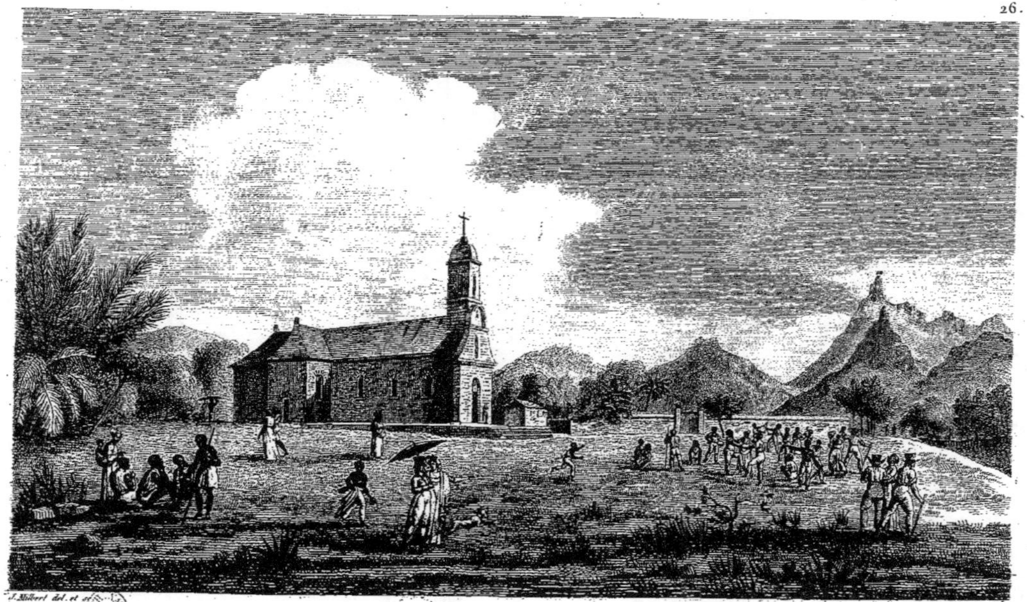

J. Milbert del. et sc.

terminé par Holl.

Île de France.

Église des Pamplemousses.

Île-de-France

Vue du Jardin des Pamplemousses.

J. Milbert del. et sc.

Terminé par Perdoux.

28.

Île-de-France.

Vue de l'habitation de M.r Céré aux Pamplemousses.

Île-de-France.

Vue de la Montagne de Pieter Bot.

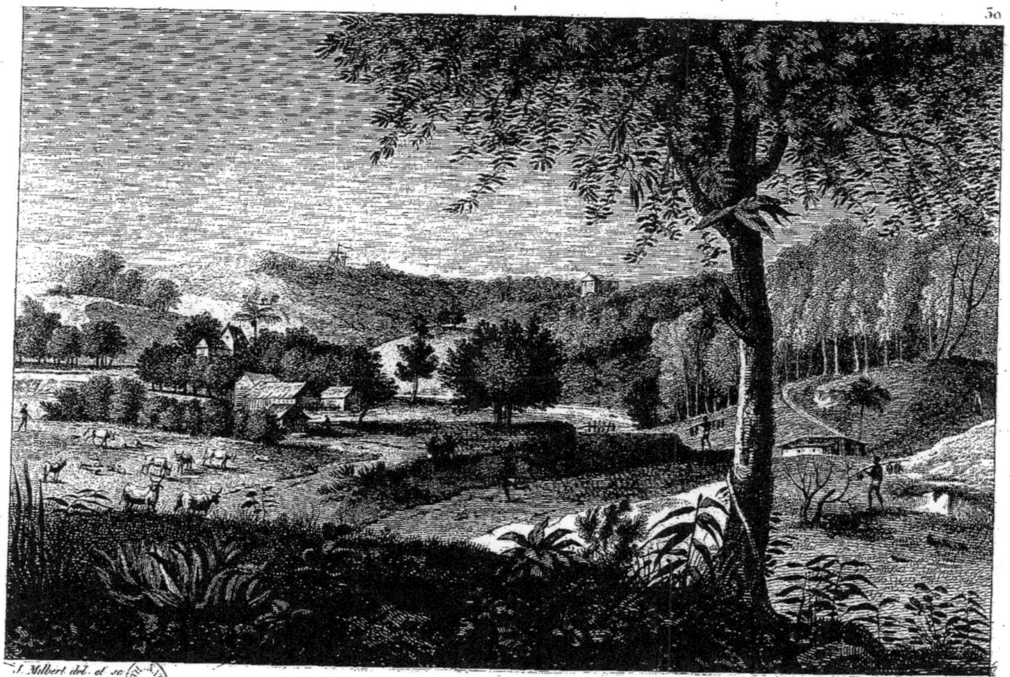

Île-de-France.

Vue du Grand Chemin des Pamplemousses.

Île-de-France.

Vue d'un côté des Trois Mamelles.

Île-de-France

Vue Générale des Trois Mamelles.

Île-de-France.

Cascade du Tamarin.

Île-de-France.

Environ de l'habitation de M.me Querivel.

J. Milbert del. et sc.

terminé par Lembert.

Île-de-France.

Habitation de Mme Querivel.

Île-de-France.

Moulin d'Ayot dans l'enfoncement de la Montagne du Pouce.

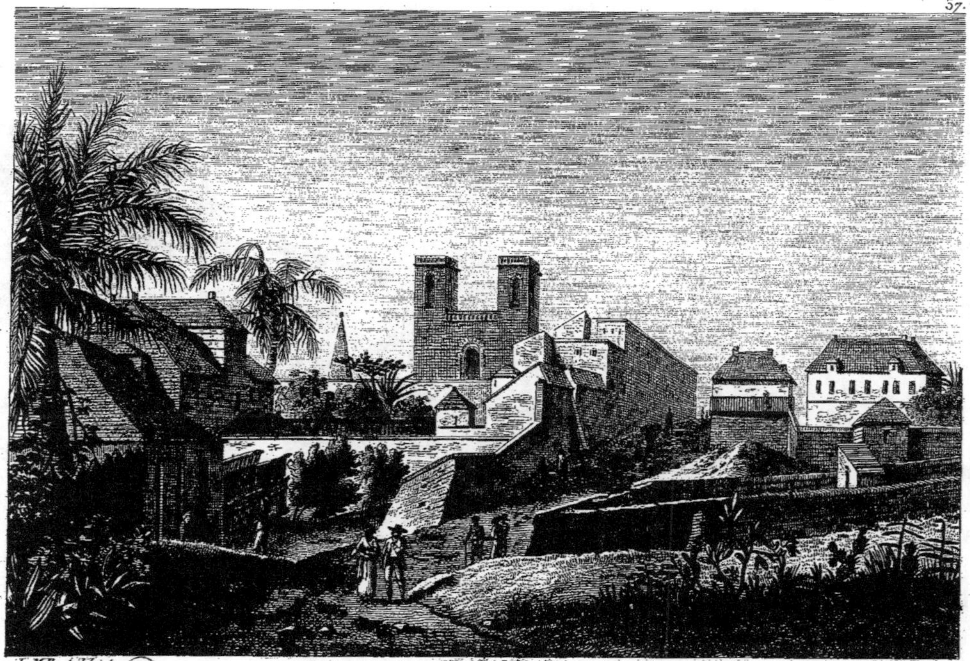

Île-de-France.

Eglise du Port Napoléon.

Île-de-France.

Vue de la ville du Port Napoléon prise de la Montagne du Pouce

Pl. 39.

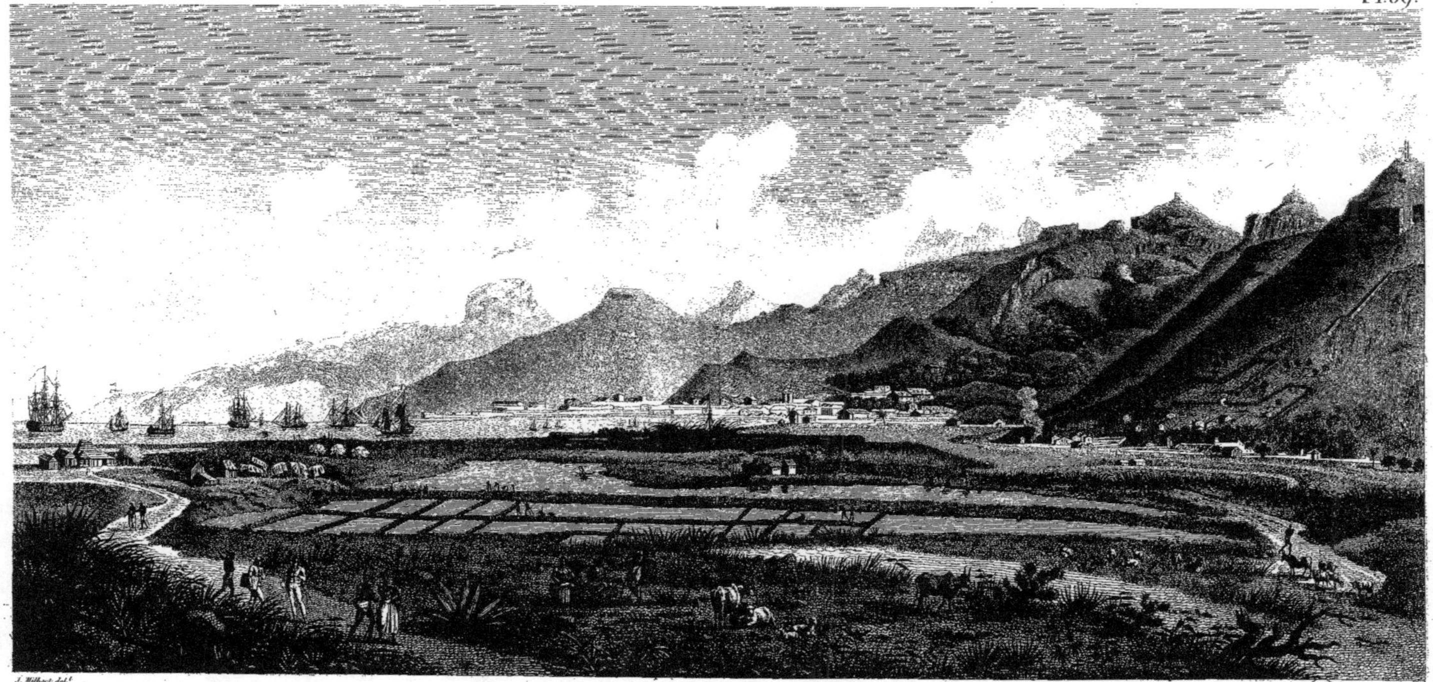

J. Milbert del.t

Île de France.

Vue de la Ville du Port Napoléon, prise du fort Blanc

Hulk et Gossard Sculp.t

Île-de-France.

Case de Nègre Gardien.

41

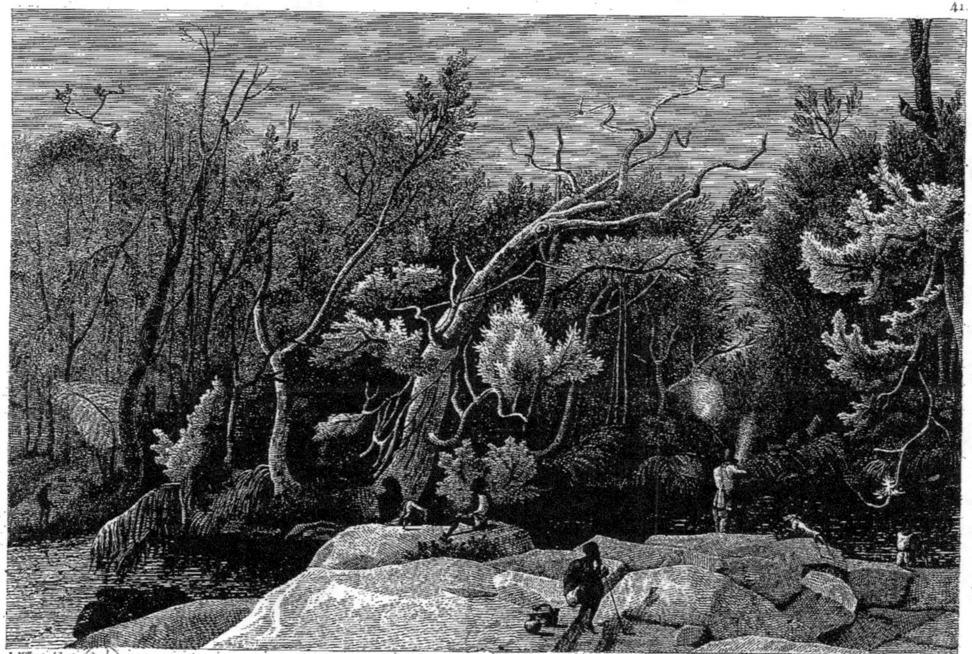

J. Milbert del. et sc.

terminé par Louvet.

Île-de-France.

Bassin de la Rivière du rendez-vous des Chasseurs.

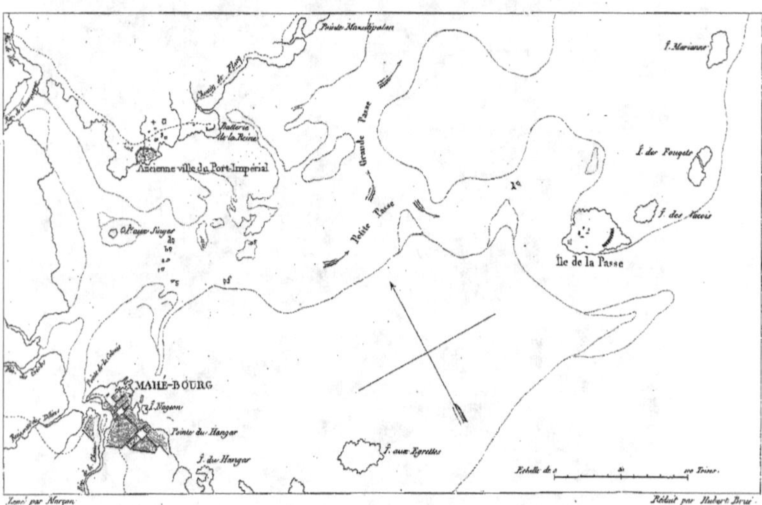

Dessiné et gravé par Le Gouaz d'après l'Esquisse de M. Marçon.

VUE DU COMBAT DE L'ÎLE DE LA PASSE.

pendant la Journée du 23 Août 1810.

Levé par Marçon.   Réduit par Hubert Brué.

Vue d'une partie du PORT IMPÉRIAL à l'Ile-de-France.

sur lequel on a marqué la position des Frégates Françaises et Anglaises pendant le Combat mémorable du 23 Août 1810.

Voyez le Voyage Pittoresque Tom. II. page 30 et le Moniteur du 18 Décembre 1810.

——— Bâtimens Français ———

a La Frégate la Bellonne Cap. Duperré Commandant.
b La Frégate la Minerve Cap. Bouvet.
c La Corvette le Victor Cap. Maurice.
d Le Navire de Compagnie le Ceylan prise Anglaise.

——— Bâtimens Anglais ———

e La Frégate le Syrius Cap. Pym Commandant.
f La Frégate l'Iphigénie Cap. Lambert.
g La Frégate la Néréïde Cap. Willoughby.
h La Frégate la Magicienne Cap. Curtis.
k La Frégate l'Iphigénie 2. position.

Cap de Bonne-Espérance.

Vue de la Montagne de la Table.

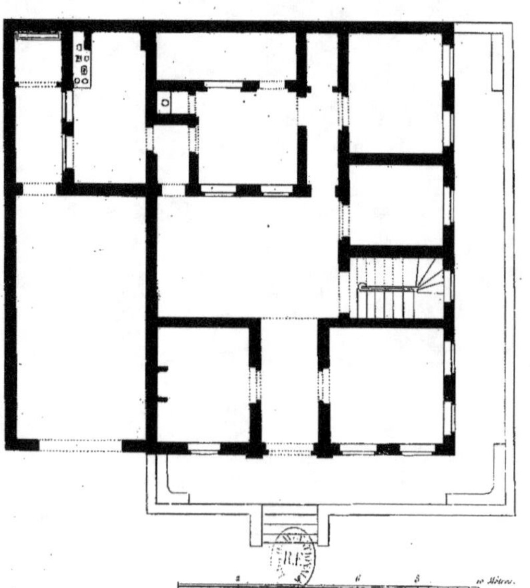

Cap de Bonne-Espérance.

Élévation et Plan d'une Maison de la Ville.

J. Milbert del.

Olympe aicuu.nq. sc.

Perdoux sc.

Cap de Bonne-Espérance.

Habitation de M.ʳ Klooct à Constance.

www.ingramcontent.com/pod-product-compliance
Lightning Source LLC
Chambersburg PA
CBHW071327030726
47594CB00002B/565